Ein Buchprojekt in Zusammenarbeit mit dem
Deutschen Roten Kreuz Kreisverband Karlsruhe e. V.
für die Tafeln

Leo Vogt

GEMÜSE
MACH'S EINFACH!

81 leckere Rezepte –
garantiert einfach zubereitet
fotografiert von
Thomas Rebel

Lindemanns Bibliothek

Auberginen-Schnitzel auf S. 21

Karotten-Bratlinge auf S. 49

Lauch-Omelett auf S. 61

Zucchini-Schiffchen auf S. 76

Lauch-Tortilla mit Ratatouille und Bratkartoffeln auf S. 107

Vorwort

Bei einem Besuch des Tafelladens kam ich mit *Jörg Biermann*, dem langjährigen Kreisgeschäftsführer des DRK-Kreisverbandes Karlsruhe, darüber ins Gespräch, wie man Kunden von Tafelläden das Kochen mit Gemüse schmackhaft machen könne. Länger schon schwirrte auch ihm diese Frage im Kopf herum, denn leider bleibt in den Tafelläden das gesunde Grünzeug oft liegen. Ein kleines Kochbuch musste her. Biermann trug sein Ansinnen dem Vorsitzenden des Fördervereins für die Tafeln im Landkreis Karlsruhe, dem Vorsitzenden des DRK Kreisverbandes Karlsruhe und baden-württembergischen *Innenminister a.D. Heribert Rech* vor, der sich sofort begeistert zeigte und zu einer Veröffentlichung riet. Hier ist sie.

Bisher habe ich Mittelalter-Kochbücher verfasst. Solch alte Traditionen nun mit Kochtrends zu verknüpfen, war eine reizvolle Aufgabe. Die ersten Manuskriptseiten waren gespickt mit allerhand chemischen Prozessen beim Zubereiten etwa einer Suppe, mit Aromastoffen beim Anbraten von Gemüse und Nährwerttabellen beim Verzehr. Ergänzt durch Grundsätze vegetarischer und veganer Ernährung sowie jeder Menge Diät- und Ernährungstheorien wurde mir klar: Man kann die Leute auch erschrecken! Der Umkehrschluss musste die Aufgabe sein: Mach's einfach! Und so stellt dieses Buch kinderleichtes Kochen in den Fokus und führt in einfachen Schritten zu leckeren Ergebnissen.

Liebt Gemüse: Autor Leo Vogt mit frischem Grünzeug

Von A wie Aubergine
bis Z wie Zwiebel

Aubergine

Im Italienischen wird die Aubergine Melanzani genannt. Das bedeutet frei übersetzt „schlechte Frucht". Sie hat wenig Inhaltsstoffe. Richtig zubereitet ist sie aber ein sehr aromatisches Gemüse. Sie wird je nach Verwendungszweck in die gewünschte Form geschnitten: Scheiben und Rädchen zum Braten, Backen oder Grillen, Würfel oder Spalten zum Kochen. Zugeschnitten werden die Stücke leicht gesalzen und für ½ bis 1 Stunde beiseite gestellt, um Wasser zu ziehen. Dadurch werden die Bitterstoffe ausgeschwemmt und bei der weiteren Verarbeitung nimmt das Fruchtfleisch weniger Fett auf. Vor der Weiterverarbeitung werden die Auberginenstücke ausgedrückt oder trockengetupft.

Gebratene Aubergine

Die Aubergine in 1 bis 1,5 cm starke Rädchen schneiden, und, wie auf S. 17 beschrieben, durch das Salzen vorbereiten. Eine Bratpfanne erhitzen. Die Auberginenscheiben von beiden Seiten leicht mit Olivenöl einpinseln und auf jeder Seite für 2 Minuten anbraten. Als Variante können diese Auberginenscheiben auch gegrillt werden.

1 Aubergine
1 TL Salz
4 EL Olivenöl

Auberginenmus

Die Aubergine abreiben und auf ein Backblech legen und von oben 4-mal mit dem Messer einstechen. Die Knoblauchzehe in 4 Spalten zerteilen und je eine Spalte in jeden Einstich schieben. Die Aubergine für 45 Minuten bei 170 °C im Backofen backen, herausnehmen und abkühlen lassen. Die Aubergine längs aufschneiden und das Fruchtfleisch mit dem Knoblauch aus der Haut herausschaben. Die Masse pürieren, mixen oder mit der Gabel zerdrücken und dann mit Pfeffer und Salz abschmecken.

1 Aubergine
1 Knoblauchzehe
Salz und Pfeffer

« Gebratene Aubergine

Auberginen-Schnitzel

Die Aubergine in 1 bis 1,5 cm starke Scheiben schneiden und wie auf S. 17 beschrieben, durch das Salzen vorbereiten. Das Ei in einem tiefen Teller verquirlen, Mehl und Paniermehl jeweils in einen weiteren Teller geben. Die Auberginenscheiben zuerst im Mehl wenden, dann durch das verquirlte Ei ziehen und anschließend im Paniermehl wälzen. Eine Bratpfanne erhitzen, das Öl hineingeben und die Auberginenscheiben von beiden Seiten goldbraun ausbacken.

1 Aubergine
1 TL Salz
4 EL Olivenöl
1 Ei
Mehl
1 Tasse Paniermehl
oder Semmelbrösel

Blumenkohl

Blumenkohl ist sehr leicht verdaulich. Er regt die **NIEREN-TÄTIGKEIT** an. Der typische Kohlgeruch ist nur schwach ausgeprägt. Er enthält viel Vitamin C. Gekocht oder gedünstet wird Blumenkohl als Gemüse, Püree, Suppe oder Salat in der Küche verwendet.

BLUMENKOHL KOCHEN: Äußere grüne Blätter wegschneiden und den Blumenkohl kurz abbrausen. In einen nicht zu großen Topf 3–4 cm Wasser füllen und den Blumenkohl mit dem Stumpf nach unten hineingeben. Je nach Größe bei schwacher Hitze für 15–20 Minuten dünsten. Lässt sich der Blumenkohl mit einem Messer leicht einstechen, ist er fertig gekocht. Den Blumenkohl aus dem Kochwasser herausnehmen und zur weiteren Verarbeitung beiseite stellen. Die nachfolgenden Rezepte können alle aus einem Blumenkohl zubereitet werden. Um die Kochzeit zu verkürzen, kann der Blumenkohl auch in seine Röschen zerteilt werden.

Blumenkohl in weißer Soße

Bereits während der Kochzeit des Blumenkohls die zwei Esslöffel Butter und den Esslöffel Mehl in eine kleine Pfanne geben und unter ständigem Rühren über 5 Minuten anschwitzen. Die Mehlschwitze soll dabei nicht braun werden! Die Mehlschwitze in das Kochwasser des Blumenkohls einrühren und mit Pfeffer, Salz und Muskatnuss abschmecken. Zusammen mit Salzkartoffeln servieren.

1 Blumenkohl
2 EL Butter
1 EL Mehl
Salz und Pfeffer, Muskatnuss

Blumenkohlsalat

Den gekochten Blumenkohl in seine einzelnen Röschen zerteilen. Essig, Öl, Milch, Salz und Pfeffer zu einer Salatsoße mit der Gabel verquirlen und über die Blumenkohlröschen geben. Zum Servieren mit frisch geschnittenem Schnittlauch oder Petersilie bestreuen.

1 Blumenkohl
2 EL Essig
3 EL Salatöl
1 EL Schnittlauch
oder Petersilie
2 EL Milch
Salz und Pfeffer

« Blumenkohlsalat

Blumenkohlsuppe

Den gekochten Blumenkohl in die feinen Röschen und den Strunk zerteilen. Den Strunk und alle festen Teile in der Milch pürieren. Mit Pfeffer, Salz und Muskatnuss abschmecken. Die Röschen in der Suppe Temperatur nehmen lassen und servieren.

1 Blumenkohl
½ l Milch
Salz und Pfeffer
Muskatnuss

Asiatische Blumenkohlsuppe

Den gekochten Blumenkohl zusammen mit dem Kochwasser und der Milch fein pürieren. Den Ingwer fein reiben und in die Suppe geben. Für die Farbe den Curry unterheben und mit Salz abschmecken. Wer Schärfe mag, kann mit etwas Chilipulver für die feurige Note sorgen. Nach der Zugabe von Chili und Ingwer nicht mehr kochen lassen – sonst vergeht die Schärfe.

1 Blumenkohl
¾ l Wasser
¾ l Milch
1 fingergroßes Stück Ingwer
1 TL Currypulver
(Chilipulver)
Salz

« Blumenkohlsuppe

Bohnen

Bohnen enthalten **VIELE BALLASTSTOFFE** und regen dadurch die Darmtätigkeit an. Gleichzeitig helfen Bohnen den Cholesterin- und Blutzuckerspiegel zu senken. Sie sind voller Nährstoffe und Eiweiß. Bohnen müssen vor dem Verzehr etwa 10–15 Minuten in Salzwasser gekocht werden, um das in großen Mengen unverträgliche Phasin zu zerstören.

Buschbohnen, Stangenbohnen, dicke Bohnen oder Keniabohnen, es gibt unzählige frische Sorten. Frische Bohnen eignen sich als Gemüse, Suppeneinlage und Salat.

BOHNEN KOCHEN Bei den Bohnen das obere und untere Ende abzwicken und, wenn nötig, den Faden der Vorderseite entfernen. In einem Topf Wasser zum Kochen bringen und kräftig salzen. Wenn vorhanden, noch etwas Bohnenkraut in das Kochwasser geben. Die geputzten Bohnen ins Wasser geben und für 10–15 Minuten köcheln lassen. Nach der Kochzeit, wenn die Bohnen weich sind, durch ein Sieb abgießen und mit kaltemWasser abspülen.

Notizen

Bohnensalat

Die Zwiebel schälen und grob würfeln. Aus Öl, Essig, (evt. Wasser), Pfeffer und Salz eine Salatsoße mischen. Die gekochten Bohnen in Eiswasser abschrecken, dann mit den Zwiebelwürfeln und der Salatsoße mischen. Den angemachten Salat vor dem Servieren noch 1 Stunde ziehen lassen. Je nach Geschmack mit Zwiebelringen garnieren.

500g Bohnen
1 mittelgroße Zwiebel
4 EL Öl
3 EL Essig
Pfeffer
Salz
Wasser

Gebundene Bohnen-Suppe

Das Mehl im Fett anschwitzen und die Brühe der Grüne-Bohnen-Suppe (siehe S. 33) einrühren. Danach die Bohnen und die Zwiebel zugeben und servieren

500g Bohnen
1 Zwiebel
20g Butter/ Fett
20g Mehl

Bohnen-Tomaten-Gemüse

Öl in einer Pfanne erhitzen und die fein gehackte Zwiebel darin glasig dünsten. Die Tomaten in kleine Stücke schneiden und zu den nun glasigen Zwiebeln in die Pfanne geben. Die getrockneten italienischen Kräuter zwischen den Handflächen zerreiben und ebenfalls in die Pfanne geben. 1/3 der Flüssigkeit einkochen (entfällt bei Dosentomaten). Die bereits vorgekochten Bohnen in die Tomatensoße geben und darin erwärmen. Mit Salz und Pfeffer abschmecken.

500 g Bohnen
500 g frische Tomaten oder eine kleine Dose Tomatenstücke
1 kleine Zwiebel
1 TL getrocknete italienische Kräuter (Rosmarin, Majoran, Oregano, Thymian)
2 EL Öl
Salz und Pfeffer

Grüne-Bohnen-Suppe

Bohnen in mundgerechte Stücke zerteilen und die Zwiebel fein hacken. Bohnen und die Zwiebel in der Gemüsebrühe unter Zugabe der Gewürze weichkochen. Werden die Gewürze in ein Tee-Ei oder einen Teebeutel gegeben, können sie einfach aus der fertigen Suppe entnommen werden. Pfeffern, salzen und servieren.

500 g grüne Bohnen
1 Zwiebel
1 l klassische Gemüsebrühe
Salz und Pfeffer
1 Lorbeerblatt
3 Wacholderbeeren
(Bohnenkraut)

« Bohnen-Tomaten-Gemüse

Chicorée

Je grüner der Chicorée, umso mehr Bitterstoff Intybin enthält er, umso stärker ist seine **VERDAUUNGSFÖRDERNDE WIRKUNG**. Roh als Salat, angebraten, gedünstet oder überbacken – Chicorée bereichert den Tisch. Die frühere Rolle als Kaffee-Ersatz ist heute kaum noch von Bedeutung.

Notizen

Chicorée-Salat

Äußere welke Blätter entfernen. Chicorée in 2–3 mm breite Streifen schneiden und für 5 Minuten in heißem Wasser waschen, damit er seine Bitterstoffe verliert. Danach gut abtropfen lassen. Aus Milch, Öl, Essig, Pfeffer und Salz eine Salatsoße anrühren, unter diese den Chicorée mischen und für 30 Minuten ziehen lassen.

2 Chicorée
3 EL Milch
2 EL Öl
2 EL Essig
Salz und Pfeffer

Chicorée mit Kräuterdip

Den Chicorée in seine einzelnen Blätter zerlegen, kurz abbrausen und in eine Schale stellen. Den Kräuterquark mit der Milch glattrühren und ebenfalls in eine Schale geben. Die Blätter sind Löffel und Speise in einem. D. h. Kräuterquark mit dem Blatt löffeln und direkt genießen.

1 Chicorée
200 g Kräuterquark
2–3 EL Milch

Fenchel

Fenchel **WIRKT POSITIV** auf die Verdauung, hilft bei Husten und wirkt selbst über die Muttermilch bei stillenden Müttern beruhigend auf die Säuglinge.

FENCHEL ZUBEREITEN: Die Fenchelknolle abwaschen, welkes Grün und bräunliche Stellen abschneiden. Den Strunk entfernen. Die Knolle je nach Verwendungszweck in die gewünschte Größe schneiden. Fenchel kann gekocht, gebraten oder gegrillt werden. Auch als Salat zubereitet schmeckt der Fenchel lecker.

Notizen

_____

_____

_____

_____

_____

_____

Klare Fenchel-Suppe

Das Grün des Fenchels abschneiden, fein hacken und zum Garnieren zur Seite legen. Die Knollen klein schneiden und in der Gemüsebrühe (S. 81) weichkochen. Zum Servieren die Suppe mit dem gehackten Fenchelgrün bestreuen.

500 g Fenchel
1 l italienische Gemüsebrühe
Salz und Pfeffer

Gebundene Fenchel-Suppe

Das Mehl im Fett anschwitzen und die Brühe der klaren Fenchel-Suppe einrühren. Danach die Fenchelstücke zugeben und zum Servieren ebenfalls mit dem gehackten Fenchelgrün garnieren.

2 Fenchel
2 EL Butter/ Fett
1 EL Mehl

Gebratener Fenchel

Die Fenchel senkrecht vierteln und den Strunk entfernen. Die Fenchelviertel mit Salz, Pfeffer und Thymian bestreuen und für 30 Minuten ruhen lassen. Das Öl in einer Pfanne erhitzen und die Fenchelviertel darin bei schwacher Hitze weich braten. Vor dem Servieren mit dem Saft der Zitrone übergießen.

3 Fenchel
Öl
Zitrone
Thymian
Salz und Pfeffer

Fenchelgemüse

Das Grün vom Fenchel entfernen, klein hacken und für die Dekoration beiseite stellen. Eventuelle braune Stellen des Fenchels ausschneiden. Den Fenchel halbieren und den Strunk entfernen. Alles andere in dünne Streifen schneiden. Die kleine Zwiebel fein hacken. Die Butter in der Pfanne zergehen lassen und den Fenchel mit der Zwiebel zusammen bei schwacher Hitze über 5 Minuten weich dünsten. Jetzt mit der Sahne angießen und weitere 5 Minuten in der Sahne köcheln lassen. Mit Pfeffer und Salz abschmecken und als Beilage servieren.

3 mittelgroße Fenchel
1 kleine Zwiebel
3 EL Butter
¼ l Sahne
Salz und Pfeffer

Fenchel Mediterran

Fenchel halbieren, den Strunk entfernen und das Gemüse in 2 cm-Würfel und Rechtecke schneiden. Die Zwiebel fein hacken. Das Öl in einer Pfanne erhitzen und die fein gehackte Zwiebel zusammen mit dem Fenchel darin glasig dünsten. Die Tomaten in kleine Stücke schneiden und zu dem nun glasigen Gemüse in die Pfanne geben. Die getrockneten italienischen Kräuter zwischen den Handflächen zerreiben und ebenfalls in die Pfanne geben. Leicht köcheln lassen bis 1/3 der Flüssigkeit eingekocht ist. (Das entfällt bei Dosentomaten.) Mit Pfeffer und Salz abschmecken.

2 mittelgroße Fenchel
500 g frische Tomaten oder
1 kleine Dose Tomatenstücke
1 kleine Zwiebel
1 TL getrocknete
italienische Kräuter (Rosmarin,
Majoran, Oregano, Thymian)
2 EL Öl
Salz und Pfeffer

Gurken

Gurken bestehen zu über 95 % aus Wasser und haben dadurch einen **MINIMALEN NÄHRWERT**. Gleichzeitig enthalten sie die Vitamine A, B1, C sowie wertvolle Spurenelemente. Sie haben eine entschlackende Wirkung.

Gurken werden roh als Salat und gekocht als Gemüse oder Suppe in der Küche verwendet. Sauer eingelegt, bereichern sie als Essiggurke, Senfgurke oder den kleinen Cornichons unseren Tisch.

Damit die Gurke nicht bitter wird, diese immer von unten (nicht vom Strunk) her verarbeiten.

Notizen

Gurkensalat

Salatgurke gründlich waschen oder dünn schälen. Mit dem Gurkenhobel in dünne Rädchen hobeln und mit dem Salz bestreuen. Die Gurkenscheiben für 1 Stunde Wasser ziehen lassen. Kurz durchkneten und das Gurkenwasser abgießen. Durch Salzen und Kneten wird die Gurke leichter verdaulich. Essig, Öl und die Kondensmilch untermischen und mit etwas Pfeffer abschmecken.

1 Salatgurke
2 TL Salz
3 EL Essig
2 EL Öl
Pfeffer
1 EL Kondensmilch

Gurkengemüse

Die Salatgurke fein schälen, der Länge nach vierteln und die Kerne mit einem Löffel herausschaben. Das Fruchtfleisch in mundgerechte Stücke klein schneiden. Die süße Sahne und die Gurkenstücke in einen Topf geben und zusammen 5 Minuten köcheln lassen. Mit Salz und Pfeffer abschmecken und mit dem Dill garnieren.

1 Salatgurke
¼ l süße Sahne
Salz und Pfeffer
1 EL gehackter Dill
oder Fenchelkraut

Gurke mit Kräuterdip

Die Gurke abwaschen. Eine Hälfte der Gurke fein schälen. Die Gurke längs halbieren und die Kerne mit einem Löffel herausschaben. Das Fruchtfleisch in 4–5 cm lange und 2 cm starke Sticks schneiden. Den Kräuterquark mit der Milch (und dem Dill) glattrühren. Gurken-Sticks zusammen mit dem Kräuterquark servieren.

1 Salatgurke
1 Becher Kräuterquark
2–3 EL Milch
(1 TL gehackter Dill)

Tsatsiki

Die Knoblauchzehe schälen, fein schneiden und zusätzlich mit dem Messer sehr fein zerdrücken. Die Salatgurke fein schälen und der Länge nach halbieren. Mit dem Löffel die Kerne aus der Gurke herausschaben. Das verbleibende Fruchtfleisch längs in Streifen schneiden und dann fein würfeln. Den Quark mit der Milch und dem zerriebenen Knoblauch glatt rühren und die Gurkenstücke unterheben. Mit Salz abschmecken.

1 Salatgurke
1 Becher (200–250 g) Quark
1 Knoblauchzehe
(oder nach Geschmack mehr)
2–3 EL Milch
Salz

Karotten

Das Aroma verdankt die Karotte ihrem hohen Zuckergehalt. Je nach Sorte kann dieser bis zu 10 % sein. Je dunkler die Karotte, desto höher ist der Anteil am gesunden Carotin/ Provitamin A. Dieses Vitamin ist allerdings nur fettlöslich. Zur rohen Karotte deshalb immer etwas Fett verzehren.

Roh, im Salat, gekocht als Gemüse oder gebraten als **AROMA- WUNDER** ist die Karotte aus unserer Küche nicht wegzu- denken.

Karottengemüse

Die Karotten entweder dünn schälen oder sauber abbürsten. In Scheiben, Würfel oder Sticks schneiden. Das Grün der Karotte zur Dekoration fein hacken. Die Karotten in einen Topf geben und zur Hälfte mit Wasser bedeckt weichkochen. Butter und Mehl in einer Pfanne langsam anrösten, ohne dass es Farbe nimmt. In diese Mehlschwitze das Kochwasser der Karotten einrühren und diese Soße mit Pfeffer und Salz abschmecken. Die Karotten einlegen, mit gehacktem Karottengrün bestreuen und servieren.

500 g Karotten
(Karottengrün beiseite legen)
2 EL Butter
1 EL Mehl
Salz und Pfeffer

Gebratene Karotten

Die Karotten entweder dünn schälen oder sauber abbürsten. In Scheiben, Würfel oder Sticks schneiden. Je feiner die Karotte, umso kürzer ist die Bratzeit. Das Öl in eine Pfanne geben und die Karotten unter mittlerer Hitze anbraten, bis sie Farbe genommen haben. Den Rosmarin zwischen den Händen aufreiben und kurz vor Ende der Bratzeit über die Karotten geben. Vor dem Servieren mit Salz und dem Saft der halben Zitrone abschmecken.

500 g Karotten
3 EL Öl
1 Messerspitze
getrockneter Rosmarin
Salz
½ Zitrone

Karottensalat

Die Karotten entweder dünn schälen oder sauber abbürsten. Auf der Küchenreibe je nach Wunsch fein oder grob raspeln. Die Karottenraspeln in eine Schüssel geben und mit dem Salz bestreuen. Ungefähr 1 Stunde im Wasser ziehen lassen. Die Karottenraspeln ausdrücken. Mit Essig, Öl und Pfeffer eine Salatsoße anrühren und unter die ausgedrückten Karottenraspeln mischen. Die fein gehackte Knoblauchzehe ebenfalls zugeben. Fehlt Flüssigkeit, Essig oder Wasser zugeben.

500 g Karotten
2 EL Essig
3 EL Öl
1 TL Salz
Pfeffer
1 Knoblauchzehe

Karotten-Bratling

Die Karotten fein reiben oder raspeln und mit dem Salz bestreuen. Mindestens eine halbe Stunde ziehen lassen. Die
gesalzenen Karotten ausdrücken. Das Mehl und die Eier in
die Karottenmasse einarbeiten. Je nach Wunsch 4 große oder
8 kleine Bratlinge formen und in Fett ausbacken.

400 g Karotten
1 TL Salz
80 g Mehl
2 Eier
Butter oder Öl zum Ausbacken

Kartoffeln

Kartoffeln enthalten fast kein Fett und sind ein wichtiger Energielieferant. Gleichzeitig enthalten sie viel Vitamin C. Kartoffeln machen nicht dick – es sind die Soßen!

Kartoffeln finden von fest bis mehlig kochend Verwendung in der Küche. Ob gekocht, als Salat, Bratkartoffeln und Püree oder roh gebraten als Pommes Frites, Rösti und Reibekuchen. Kartoffeln **SÄTTIGEN UND BEREICHERN** den Speiseplan. Je nach Zubereitungsart werden 150–250 g Kartoffeln pro Person benötigt.

Notizen

Saure Rädle

Kartoffeln schälen und in 1,5 cm starke Scheiben schneiden. In einen Topf geben und so viel Wasser angießen, bis die Kartoffelscheiben zur Hälfe bedeckt sind. Leicht salzen. Auf dem Herd zum Kochen bringen und für ungefähr 10 Minuten simmern lassen. Vom Herd nehmen und die Kochflüssigkeit abgießen. Aus der Kochflüssigkeit und der sauren Sahne eine Soße rühren und mit Pfeffer, Salz, Muskatnuss und bei Bedarf einem „Spritzer" Essig abschmecken. Saure Rädle werden traditionell mit Spätzle serviert.

600 g Kartoffeln
1 Becher saure Sahne
Salz und Pfeffer
Muskatnuss
(Essig)

Kartoffelsuppe

Die Kartoffeln schälen und vierteln. Die Karotte und die Zwiebel ebenfalls schälen und in sehr kleine Stücke schneiden. (Durch die unterschiedliche Größe wird alles gleichzeitig weich.) Kartoffeln, Karotten und Zwiebeln in einen Topf geben und komplett mit Wasser bedecken. Auf dem Herd zum Kochen bringen, die Hitze reduzieren und für 30 Minuten simmern lassen, bis alles sehr weich ist. Mit dem Pürierstab fein pürieren. Mit Pfeffer, Salz und Muskatnuss abschmecken und servieren.

500 g Kartoffeln
1 Karotte
1 kleine Zwiebel
Salz und Pfeffer
Muskatnuss

Kartoffelbrei

Salzkartoffeln, wie auf S. 46 (Saure Rädle) beschrieben, kochen und nicht abgießen. Die gekochten Kartoffeln mit der Kochflüssigkeit direkt mit dem Handrührgerät oder dem Passierstab fein durcharbeiten. Mit Pfeffer, Salz, Muskatnuss abschmecken. Klassisch wird noch 1 Esslöffel Butter hineingearbeitet.

600 g Kartoffeln
Salz und Pfeffer
Muskatnuss
1 EL Butter

Pommes aus dem Backofen

Die Kartoffeln (festkochend) schälen und in die gewünschte Pommes-Form schneiden. In eine Schüssel geben und mit etwas Öl übergießen. Die Kartoffeln so in der Schüssel schwenken, bis jedes Pommes Frites mit dem Öl dünn überzogen ist. Die Pommes auf ein Backblech geben und im Backofen 20 Minuten bei 200 °C backen. Nach 15 Minuten einmal wenden. In eine Schüssel geben, mit Salz bestreuen und servieren.

1 kg Kartoffeln
Öl
Salz

Pellkartoffeln

Die Kartoffeln waschen und in einen von der Größe geeigneten Topf geben. Mit Wasser aufgießen, bis ungefähr die Hälfte der Kartoffeln bedeckt sind. Auf dem Herd zum Kochen bringen, zurückschalten bis das Wasser nur noch köchelt. Nach ca. 15 Minuten mit der Gabel eine Kartoffel einstechen. Ist diese weich, sind die Kartoffeln fertiggekocht. Kartoffeln heiß pellen und servieren.

Salzkartoffeln

Die Kartoffeln schälen und vierteln. Auf gleichmäßig große Stücke achten. Die Kartoffelspalten in einen von der Größe geeigneten Topf geben, mit etwas Salz bestreuen und bis zu Hälfte des Inhalts mit Wasser begießen. Auf dem Herd zum Kochen bringen, zurückschalten bis das Wasser nur noch köchelt. Nach ca. 10 Minuten mit der Gabel eine Kartoffelspalte einstechen. Ist diese weich, sind die Kartoffeln fertig. Abgießen und servieren.

600 g Kartoffeln
Salz

Roh gebratene Kartoffeln

Die Kartoffeln (festkochend) schälen und in 1 x 1 cm Würfel schneiden oder fein hobeln. Etwas Öl in eine Pfanne geben und die Kartoffeln bei mittlerer Hitze goldbraun ausbacken.

800 g Kartoffeln
Öl

Kürbis

Roher Kürbis enthält über 90 % Wasser, wenig Fett und Kohlenhydrate, dafür aber Spurenelemente und Carotin/Provitamin A. Beim Kochen entsteht im Kürbis Zucker. Es gibt über 700 Arten von Kürbissen, vom kleinen Minikürbis bis zu dem mehrere hundert Kilo schweren Riesenkürbis. Der Sommerkürbis sowie der Hokkaido haben eine weiche Schale und werden deshalb ungeschält verarbeitet. In der Küche finden wir Kürbis püriert als nahrhafte Suppe, süß-sauer eingelegt als Sauerkonserve, gekocht als Gemüse und selbst als süßes Kompott.

Für die Rezepte verwenden wir den Hokkaidokürbis.

Kürbisgemüse

Wegen seiner weichen Haut muss der Hokkaidokürbis nicht geschält werden. Deshalb den Kürbis sauber abwaschen, halbieren und die Kerne herausschaben. Das Fruchtfleisch in kleine Spalten schneiden und in einem Topf mit Wasser und der gehackten Zwiebel zusammen aufsetzen. Das Wasser soll den Kürbis gerade bedecken. Zum Kochen bringen und für 30 Minuten simmern lassen. Ist der Kürbis weich, mit dem Stabmixer pürieren. Mit Pfeffer und Salz abschmecken und bei Bedarf mit etwas Wasser verdünnen.

1 kleiner Hokkaidokürbis
1 kleine Zwiebel
Salz und Pfeffer

Kürbisgemüse süß-sauer

Den Kürbis sauber abwaschen, halbieren und die Kerne herausschaben. 2/3 des Fruchtfleisches in grobe Spalten, 1/3 in kleine Stücke schneiden. Das Öl in einer Pfanne erhitzen und den Kürbis hineinlegen. Auf der ersten Seite während 5 Minuten mit Deckel anbraten. Deckel abnehmen, Kürbisspalten wenden und für weitere 5 Minuten weich braten. Die kleinen Stücke mit dem Wasser und dem Saft der Zitrone mit dem Mixstab pürieren. Mit Salz und Pfeffer abschmecken und über die Kürbisspalten geben. Als Hauptgericht zu Reis oder Nudeln.

1 kleiner Hokkaidokürbis
4 EL Öl
2 Tassen Wasser
1 Zitrone
Salz und Pfeffer

Gebratener Kürbis mit Salbei

Kürbis sauber abwaschen, halbieren und die Kerne herausschaben. Das Fruchtfleisch in grobe Spalten schneiden. Das Öl in einer Pfanne erhitzen und die Kürbisspalten hineinlegen. Auf der ersten Seite 5 Minuten lang mit Deckel anbraten. Die Salbeiblätter kurz abbrausen und in feine Streifen schneiden. Deckel abnehmen, Kürbisspalten wenden und mit dem Salbei bestreuen. Nochmal 5 Minuten ohne Deckel weich braten. Als Hauptgericht oder als Beilage servieren.

1 kleiner Hokkaidokürbis
5–6 Salbeiblätter oder
1 TL getrockneter Salbei
4 EL Öl

Lauch / Porree

Lauch – auch Porree, Breitlauch, Winterlauch, Welschzwiebel, Gemeiner Lauch, Spanischer Lauch, Aschlauch oder Fleischlauch genannt – ist eine Sorte des aus dem Mittelmeerraum stammenden Ackerlauchs. Lauch kommt das ganze Jahr über feldfrisch auf den Tisch. Er verdankt sein zwiebelartiges Aroma dem Allicin. Lauch hat ein ausgewogenes Verhältnis an Mineralien und Vitaminen. Seine **BALLASTSTOFFE VERBESSERN DIE VERDAUUNG**.

Gekocht oder gebraten finden wir den Lauch als Gemüse auf dem Tisch. Roh als Ergänzung zu Salaten und als Ersatz für die Zwiebel.

Notizen

59

Rahmporree

Den Lauch kurz abbrausen und bis auf den Strunk in 2–3 mm starke Rädchen schneiden. Einen Topf mit Wasser zum Kochen bringen und den Lauch im kochenden Wasser für 2–3 Minuten blanchieren, damit er seine Schärfe verliert. Den Lauch durch ein Sieb abgießen. Die Sahne in einem Topf mit 2–3 Esslöffel Wasser glattrühren und zusammen mit dem Lauch einmal kurz aufkochen lassen. Mit Pfeffer und Salz abschmecken und als Beilage servieren.

3 Stangen Lauch
2–3 EL Wasser
1 Becher süße Sahne
Salz und Pfeffer

Lauch-Omelett

Den Lauch kurz abbrausen und bis auf den Strunk in 2–3 mm starke Rädchen schneiden. In einer Pfanne die Butter schmelzen und den Lauch darin für 3–4 Minuten bei schwacher Hitze anbraten. Die Eier mit der Milch verquirlen, mit Pfeffer und Salz würzen und über den Lauch gießen. Das Ei bei schwacher Hitze stocken lassen und das Omelett mit einem Pfannendeckel wenden. Schmeckt heiß und kalt.

1 Stange Lauch
4 Eier
2 EL Butter
1 Tasse Milch
Salz und Pfeffer

« Lauch-Omelett

Paprika

Die Farbe des Paprika ist kein Unterscheidungsmerkmal für die Sorten, sondern ein Ausdruck des Reifegrades. Grüne Schoten wurden unreif geerntet, rote oder gelbe sind dagegen an der Pflanze gereift. Je länger gereift, umso höher der Gehalt an Vitamin C, der den Paprika so wertvoll macht.

Paprika eignet sich zum rohen Verzehr. Er kann gebraten, gebacken oder gegrillt werden. Es gibt ihn sauer in Essig oder gebraten in Öl eingelegt. Gefüllt wird er zur echten Delikatesse.

Paprika in Öl

Den Paprika abwaschen und auf ein Backblech legen. Den Backofen so heiß wie möglich auf 220°–250°C einstellen. Den Paprika in den Ofen schieben und braten, bis die äußere Haut beginnt schwarz zu werden. Jetzt wenden und die 2. Seite genauso braten (Funktioniert auch auf dem Grill). Den Paprika aus dem Ofen nehmen und kurz abkühlen lassen. Die schwarze Haut abziehen, den Stiel und die Kerne entfernen und möglichst große Stücke des Fruchtfleisches auf eine Platte legen. Mit Olivenöl übergießen, nach Wunsch noch mit frischem Knoblauch verfeinern. Wird der Paprika ganz vom Öl abgedeckt, hält er sich 1–2 Wochen. Selbstverständlich kann das Olivenöl auch in einer Pfanne erwärmt, der Paprika eingelegt und als warmes Gericht serviert werden.

2 rote Paprika
2 güne Paprika
2 gelbe Paprika
Olivenöl
1 Knoblauchzehe

Paprikapfanne

Den Paprika abwaschen und der Länge nach halbieren. Aus dem Paprika den Stiel und die Kerne herausschneiden. Das Fruchtfleisch in 1 cm breite Steifen schneiden. Die Zwiebel schälen, halbieren und ebenfalls in 1 cm breite Streifen schneiden. In einer Pfanne das Öl erhitzen und den Paprika mit den Zwiebeln hineingeben. Bei mittlerer Hitze anbraten. Die Paprikapfanne ist fertig, wenn der Pfanne ein süßlicher Duft entströmt.

2 rote Paprika
1 güner Paprika
1 große Zwiebel
3 EL Öl
Salz und Pfeffer

Paprika-Suppe – Paprika-Soße

Den Paprika abwaschen und der Länge nach halbieren. Aus dem Paprika den Stiel und die Kerne herausschneiden. Das Fruchtfleisch zuerst in 1 cm breite Steifen, dann in 1 cm große Würfel schneiden. Die Zwiebel schälen, halbieren und kleine Würfel schneiden. Von jeder Farbe des Paprika 1 – 2 Esslöffel als Einlage beiseite stellen. Den Rest in einen Topf geben und komplett mit Wasser bedecken. Für 15 Minuten köcheln lassen und mit dem Stabmixer pürieren. Auf Wunsch die Suppe/Soße noch durch ein Sieb streichen, um die harte Haut des Paprika zu entfernen. Die Suppe mit Salz abschmecken, die rohen Stücke als Einlage hineingeben und servieren.

3 rote Paprika
1 grüner Paprika
1 gelber Paprika
1 kleine Zwiebel
2 EL Öl
Salz

Paprika mit Kräuterdip

Den Paprika abwaschen und der Länge nach halbieren. Aus dem Paprika den Stiel und die Kerne herausschneiden. Das Fruchtfleisch des Paprika in 2 cm breite Streifen schneiden. Den Kräuterquark mit der Milch glattrühren. Paprikastreifen zusammen mit dem Kräuterquark servieren.

1 roter Paprika
1 grüner Paprika
1 Becher Kräuterquark
2 – 3 EL Milch

Sellerie

Sellerie finden wir als Knollensellerie und als Staudensellerie in der Küche. Beim Knollensellerie werden, wie der Name schon sagt, die Knolle, beim Staudensellerie die Stängel verzehrt. Er ist ein typisches Wintergemüse. Das Aroma des Selleries verdankt er seinem hohen Anteil an ätherischen Ölen. Zusammen mit seinen Vitaminen und Mineralstoffen hat der Sellerie eine **BELEBENDE WIRKUNG**.

Gekocht, gebraten, gegrillt und roh finden wir den Sellerie in der Küche. Er gibt Suppen und Soßen Aroma.

Ragout vom Staudensellerie

Den Staudensellerie und die Tomaten abbrausen. Die Staude in einzelne Stängel zerteilen und wenn nötig die Fäden abziehen. Das Selleriegrün fein hacken und zum Garnieren beiseite stellen. Die Stängel in 3-4 cm lange Sticks und die Tomate in kleine Würfel oder Spalten schneiden. Das Öl in einer Pfanne erhitzen und die Stängel darin anschwitzen. Nach etwa 5 Minuten die Tomaten dazugeben und weitere 5 Minuten anschwitzen. Jetzt die Sahne dazugeben und noch so lange köcheln lassen, bis der Sellerie weich ist. Mit Pfeffer und Salz abschmecken, mit dem Grün garnieren und servieren.

1 Staudensellerie
2 Tomaten
1 Becher süße Sahne
2 EL Öl
Salz und Pfeffer

Staudensellerie mit Kräuterdip

Den Staudensellerie abbrausen. Die Staude in einzelne Stängel zerteilen und wenn nötig die Fäden abziehen. Das Selleriegrün fein hacken. Die Stängel in 4–5 cm lange Sticks schneiden. Den Kräuterquark mit der Milch und dem Selleriegrün glattrühren. Die Sellerie-Sticks zusammen mit dem Kräuterquark servieren.

1 Staudensellerie
1 Becher Kräuterquark
2–3 EL Milch

Sellerieschnitzel

Die Knollensellerie gut abbürsten. Anhaftende Erde eventuell abschaben. Die Knolle in 2 cm breite Scheiben schneiden. Den Rand gerade schneiden und den Scheiben die gewünschte Form geben (Abschnitte sind gut für Suppen und Soßen). Die Scheiben salzen und 1 Stunde ruhen lassen. Danach trockentupfen und mit dem Öl in einer Pfanne von jeder Seite langsam goldbraun anbraten. Als Beilage oder Hauptgericht servieren.

1 Knollensellerie
2 EL Öl
Salz und Pfeffer

Sellerieküchle

Die Knollensellerie gut abbürsten, anhaftende Erde eventuell abschaben und die Knolle in handliche Stücke zerteilen. Die Stücke fein raspeln. Die Raspel in eine Schüssel geben und mit Salz bestreuen. Gut 1 Stunde ziehen lassen. Danach das Wasser aus der Masse ausdrücken. Die ausgedrückten Sellerieraspeln mit dem Ei und dem Mehl und etwas Pfeffer vermengen. Mit einer Suppenkelle gleichmäßig große Kugeln portionieren und daraus die Küchle formen. Das Öl in der Pfanne erhitzen und die Küchle darin ausbacken.

1 Knollensellerie
je nach Größe der Knolle
1–2 Eier
2–4 EL Mehl
Salz und Pfeffer
4 EL Öl

Tomaten

Tomaten enthalten über 95 % Wasser, dazu wertvolle Spurenelemente und Vitamine. Im Handel finden wir Fleisch-, Rispen-, Kirsch-, Flaschentomaten – die Vielfalt der Sorten, Größen und Farben kennt keine Grenzen. Das ganze Jahr über im Angebot sorgen sie immer für **FRISCHE AUF DEM TISCH**. Tomaten reifen bei Zimmertemperatur und verlieren im Kühlschrank ihr Aroma.

Als Salat, als Soße, als gegrillte Beilage, als Geschmacksträger in der Soße – Tomaten sind in der modernen Küche nicht wegzudenken.

Notizen

_____

_____

_____

_____

_____

_____

Schnelle Tomatensoße

Tomaten abwaschen und in kleine Stücke schneiden. Zwiebel oder die Knoblauchzehe sehr fein schneiden. Alles zusammen in einem Topf für 2–3 Minuten köcheln lassen. Basilikumblätter klein schneiden oder rupfen und beim Servieren in die Soße geben.

4 Tomaten
½ Zwiebel oder 1 Knoblauchzehe
4–5 Blatt Basilikum
2 EL Olivenöl
Salz und Pfeffer

Tomatensoße – Tomatensuppe

Die Tomaten klein schneiden, Zwiebel, Karotte und Sellerie gleich fein schneiden. Tomate, Zwiebel, Karotte, Sellerie und Oregano zusammen in einen Topf geben und kurz aufkochen. Danach bei schwacher Hitze für 1 Stunde leicht köcheln lassen. Wenn gewünscht, mit dem Mixstab pürieren oder durch ein Sieb passieren. Vor dem Servieren mit dem Olivenöl verfeinern und mit Pfeffer und Salz abschmecken.

8 Tomaten oder 1 Dose Tomaten
oder 1 Flasche Tomatenpulpe
1 kleine Zwiebel
½ Karotte
1 EL Sellerie
1 TL Oregano
2 EL Olivenöl
Salz und Pfeffer

Tomatensalat

Die Tomaten abwaschen und wie gewünscht in Spalten oder Scheiben schneiden. In eine Schüssel geben und zuerst salzen, dann den Essig und die gehackte Zwiebel, erst zum Schluss das Öl untermischen. Vor dem Servieren mit frischen Kräutern nach Wahl bestreuen.

8 Tomaten
1 Zwiebel
3 EL Öl
2 EL Essig
Salz und Pfeffer
1 EL Kräuter

Tomatenbrot

Tomaten in Scheiben schneiden. Das Brot toasten und mit der Knoblauchzehe abreiben. Die Tomatenscheiben auf das Brot legen, salzen und pfeffern. Kurz vor dem Servieren noch je einen Löffel Olivenöl über jedes Tomatenbrot verteilen.

2 Tomaten
2 Scheiben Brot
1 Knoblauchzehe
2 EL Olivenöl
Salz und Pfeffer

VEREINIGUNG
ALT-BRETTHEIM e.V

Zucchini

Die Zucchini enthält Kohlenhydrate, Eiweiß, Vitamine und Spurenelemente. Die Zucchini regt die Verdauung an und **ENTWÄSSERT**.

Durch den neutralen Geschmack ist die Zucchini geradezu ideal für viele Zubereitungsarten. Als Suppe, gekocht, gebraten oder gegrillt – die Zubereitungsart und die Gewürze bestimmen den Geschmack. Ein **IDEALER BEGLEITER** für viele Gerichte.

Notizen

_____

_____

_____

_____

_____

_____

Zucchini-Pfanne

Die Zucchini waschen und raspeln. Das Öl in eine Pfanne geben und erhitzen. Die Zucchini hineingeben und für 3 – 4 Minuten anbraten. Pfeffern, salzen und servieren.

2 Zucchini
2 EL Öl
Salz und Pfeffer

Zucchini-Schiffchen

Die Zucchini abwaschen und der Länge nach halbieren. Die Kerne mit dem Löffel herausschaben. Tomate, Paprika und Zwiebel in kleine Würfel schneiden und vermischen. Salzen und pfeffern. Die Zucchini-Hälften auf ein Backblech legen und mit dem Tomaten-, Zwiebel-, Paprikagemisch füllen. Für 15 Minuten im Backofen bei 180 °C backen, dann den Käse auf die Schiffchen streuen und für weitere 10 Minuten im Backofen überbacken. Direkt aus dem Ofen servieren.

2 Zucchini
1 Tomate
½ Paprika
½ Zwiebel
Salz und Pfeffer
4 EL geriebener Käse

Zucchini-Suppe

Die Zucchini abbrausen, in kleine Stücke schneiden und in einen Topf geben. Wasser zugeben, bis die Zucchini davon bedeckt sind. Aufkochen lassen und für 2–3 Minuten bei schwacher Hitze köcheln lassen. Mit dem Mixstab pürieren, mit Pfeffer und Salz abschmecken und servieren.

2 Zucchini
Salz und Pfeffer

Zucchini-Ragout

Die Zucchini waschen, der Länge nach 2 Mal aufschneiden und in kleine Stücke schneiden. Die Zucchini mit der Sahne in einen Topf geben und kurz aufkochen lassen. Danach für 3–4 Minuten köcheln. Mit Salz und Pfeffer abschmecken und servieren.

2 Zucchini
1 Becher süße Sahne
Salz und Pfeffer

Zwiebeln

Zwiebeln sind appetitanregend und **GESUNDHEITSFÖR-DERND**. Sie bestehen zu 88 % aus Wasser und haben viele Mineralien. Das ätherische Öl Allicin ist für Tränen beim Schneiden verantwortlich. Die Zwiebel ist ein Alleskönner: Sie bringt Geschmack in Soßen und Suppen, aromatisiert rohe Salate, wird eingelegt, kann gegrillt und gebraten werden, ergänzt Gerichte oder steht selbst im Mittelpunkt.

Notizen

Röstzwiebeln

Die Zwiebeln schälen und in Ringe schneiden. Salzen und 15 Minuten ruhen lassen. Die ausgetretene Flüssigkeit abtupfen. Das Öl in einer Pfanne erhitzen und die Zwiebelringe darin goldbraun bis dunkelbraun bei gemäßigter Hitze ausbacken.

2–3 Zwiebeln
4 EL Öl
Salz

Zwiebelspalten mit Chili

Die Chilischote abwaschen. Die Zwiebeln schälen und achteln. Mit Salz bestreuen und 15 Minuten ruhen lassen. Die ausgetretene Flüssigkeit abtupfen. Das Öl in der Pfanne erhitzen und das Paprikapulver kurz darin anrösten. Zwiebelspalten und Chilischote in das Paprika-Öl-Gemisch geben und darin über 10–15 Minuten anbraten.

4 Zwiebeln
1 Chilischote
1 TL Paprikapulver
4 EL Öl
Salz

Gemüsebrühe

Zu jeder Gemüsesuppe wird eine Gemüsebrühe benötigt. Für das Grundrezept einer Gemüsebrühe werden eine Zwiebel, eine Karotte und ein Stück Sellerie klein geschnitten und in Wasser langsam gekocht. Köchelt der Sud etwa 1 Stunde, entstehen bei dieser Grundsuppe natürliche Aromastoffe, die jede Suppe **BESONDERS SCHMACKHAFT** machen.

Selbstverständlich können die für die jeweilige Brühe verwendeten Gemüsesorten in einem Arbeitsgang sofort der jeweiligen Suppe zugefügt werden.

Nach dem Kochen, je nach Belieben, die Gemüsestückchen aussieben.

Notizen

_____

_____

_____

_____

_____

Klassische Gemüsebrühe

Die Zwiebeln, die Karotten und den Sellerie klein schneiden und Wasser zusetzen. Zum Kochen bringen und für etwa 1 Stunde köcheln lassen.

100 g Zwiebeln
50 g Karotten
50 g Sellerie
1 l Wasser

Italienische Gemüsebrühe

Die Zwiebeln, die Karotten und den Fenchel klein schneiden und Wasser zusetzen. Zum Kochen bringen und für 1 Stunde köcheln lassen.

100g Zwiebeln
50g Karotten
50g Fenchel
1 l Wasser

Ungarische Gemüsebrühe

Die Zwiebeln, die Karotten und den Paprika klein schneiden und Wasser zusetzen. Zum Kochen bringen und für 1 Stunde köcheln lassen.

100g Zwiebeln
50g Karotten
50g Paprika
1 l Wasser

Iberische Gemüsebrühe

Die Zwiebeln, die Karotten und die Tomaten klein schneiden und Wasser zusetzen. Zum Kochen bringen und für 1 Stunde köcheln lassen.

100g Zwiebeln
50g Karotten
50g Tomaten
1 l Wasser

Gemüsesuppe, Minestrone

Fenchel, Zwiebeln und Karotten fein schneiden. Zucchini grob schneiden, grüne Bohnen zerteilen, Tomaten achteln. Durch die unterschiedliche Größe der Gemüsestücke haben diese die gleiche Garzeit. Das Lorbeerblatt und die Knoblauchzehe in die Iberische Gemüsebrühe (Rezept auf S. 82) geben. In dieser Brühe das Gemüse weichkochen. Die Suppe zum Servieren mit frisch gezupftem Basilikum bestreuen.

100 g Fenchel
100 g Zucchini
50 g Zwiebeln
100 g grüne Bohnen
50 g Karotten
100 g Tomaten
1 Knoblauchzehe
Lorbeerblatt
1 l Iberische Gemüsebrühe
1 Zweig Basilikum

Minestrone mit Pasta und Parmesan

Direkt in der Gemüsesuppe wird die Pasta gekocht. Zum Servieren wird zuerst der geriebene Parmesan und dann das Basilikum auf die Suppe gestreut.

50 g geriebener Parmesan
250 g Pasta (Penne, Rigatoni)
1 Zweig Basilikum

Gemüsebrühe mit Suppennudeln

Für die Brühe 100 g Zwiebeln, 50 g Karotten und 50 g Sellerie zusammen mit dem Lorbeerblatt, den Senfkörnern, Wacholderbeeren und Pfefferkörnern in einem Liter Wasser 1 Stunde köcheln lassen. Für die Einlage Suppennudeln in Salzwasser nach Anleitung weich kochen. Weitere 50 g Karotten und 50 g Sellerie in sehr kleine Würfel schneiden. Die Brühe abgießen. Gemüsewürfel und Suppennudeln in die heiße Brühe einlegen. Mit Salz und Muskatnuss abschmecken, mit Schnittlauch garnieren und sofort servieren.

100 g Zwiebeln
100 g Karotten
100 g Sellerie
Lorbeerblatt
1 TL Senfkörner
4 Wacholderbeeren
5 Pfefferkörner
Salz
Muskatnuss
250 g Suppennudeln
1 l Wasser

Indische Gemüsebrühe mit Kartoffeln

Gewürze 3–4 Minuten in einer Pfanne rösten. Gemüse grob zerteilen und zusammen mit den Gewürzen in kaltem Wasser aufsetzen. Langsam zum Kochen bringen. Nach etwa 1 Stunde die Brühe durch ein Sieb gießen und mit Salz und Muskatnuss abschmecken. Gekochtes Gemüse in mundgerechte Stücke zerteilen, um es als Einlage für die Suppe zu verwenden. Die Kartoffeln in kleine Würfel oder Spalten schneiden und vorkochen. Die Kartoffeln können auch in der fertigen Brühe gekocht werden, diese wird jedoch trüb. Gemüse und Kartoffeln in die Brühe einlegen und servieren.

100 g Zwiebeln
50 g Karotten
50 g Sellerie
1 Lorbeerblatt
1 TL Senfkörner
4 Wacholderbeeren
5 Pfefferkörner
1 TL Currypulver
Salz
Muskatnuss
500 g Kartoffeln

Thai-Gemüsebrühe
mit Kokos und Reisnudeln

Koriander, Senfkörner, Wacholderbeeren und Pfefferkörner
vorab für 3-4 Minuten in einer Pfanne rösten. Gemüse und
Zwiebeln grob zerteilen und zusammen mit den Kokosraspeln, dem Ingwer und den Gewürzen kalt zusetzen. Langsam
zum Kochen bringen. Hat die Suppe 1 Stunde geköchelt, die
Brühe durch ein Sieb gießen und mit Salz und Muskatnuss
abschmecken. Das gekochte Gemüse in mundgerechte Stücke
zerteilen und als Einlage für die Suppe verwenden. Dank
der kurzen Kochzeit können die Reisnudeln direkt mit dem
Gemüse in die heiße Brühe einlegt werden. Erneut mit Salz
und Muskatnuss abschmecken und servieren.

1 TL Koriander-Körner
1 TL Senfkörner
4 Wacholderbeeren
5 Pfefferkörner
4 EL Kokosraspeln
100 g Zwiebeln
50 g Karotten
50 g Paprika
1 Pfefferoni
1 l Wasser
1 fingergroßes Stück
frischer Ingwer oder
1 TL getrockneter Ingwer
Salz
Muskatnuss
200/250 g Reisnudeln

Gerichte

Ratatouille

Die Aubergine, die Zucchini, die Zwiebel und den Paprika in kleine Stücke schneiden und salzen. Für 30 Minuten ruhen lassen und danach die ausgetretene Flüssigkeit abtupfen. Die Tomate in schmale Spalten schneiden. Alles zusammen in eine der Menge entsprechende Auflaufform geben. Den Thymian, das Lorbeerblatt und etwas Pfeffer darüber streuen und gut durchmischen. Im auf 180 °C vorgeheizten Backofen 45 Minuten zugedeckt garen. Den Deckel entfernen, gut durchrühren und für weitere 15 Minuten offen backen.

1 Aubergine
1 Zucchini
1 Zwiebel
2 Tomaten
1 Paprika
1 Messerspitze Thymian
1 Lorbeerblatt
Salz und Pfeffer

Nach Geschmack können Gemüsesorten ergänzt oder weggelassen werden.

Kartoffel-Paprika-Pfanne

Die Kartoffeln in kleine, mundgerechte Stücke schneiden. Je eine Hälfte des roten und günen Paprikas in feine, die andere Hälfte in gobe Würfel schneiden. Die Zwiebel fein schneiden. Das Öl in einer Pfanne erhitzen und das Paprikapulver für eine Minute darin anrösten. Die Kartoffeln, die groben Paprikastücke und die Zwiebel dazugeben, bei sanfter Hitze anbraten. Ist alles heiß und hat Farbe angenommen, salzen und zum Servieren die feinen Paprikawürfel drüberstreuen.

500 g gekochte Kartoffeln, egal welche Zubereitungsart; können auch vom Vortag sein
1 roter Paprika
1 güner Paprika
1 Zwiebel
1 TL Paprikapulver
4 EL Öl
Salz

Bratgemüse

Die Karotte und den Sellerie in Würfel schneiden, die Zwiebel klein schneiden. Den Lauch in feine Ringe schneiden. Das Öl in eine Pfanne geben und die Karotte, die Zwiebel und den Sellerie für 10 Minuten bei mittlerer Hitze anbraten. Den Lauch dazugeben und für weitere 10 Minuten braten. Um ein richtiges Brat-Aroma zu bekommen, ist diese lange Zeit notwendig. Das Gemüse ist schon vorher fertig. Mit Pfeffer und Salz würzen und servieren.

1 Karotte
1 Zwiebel
2 Stängel Staudensellerie
¼ Stange Lauch
4 EL Öl
Salz und Pfeffer

« Kartoffel-Paprika-Pfanne

Tomatenbrot mit Fenchelgemüse und Reis

TOMATENBROT Die Tomaten in Scheiben schneiden. Das Brot toasten und mit der Knoblauchzehe abreiben. Die Tomatenscheiben auf das Brot legen, salzen und pfeffern. Kurz vor dem Servieren noch je einen Löffel Olivenöl über jedes Tomatenbrot verteilen.

2 Tomaten
2 Scheiben Brot
1 Knoblauchzehe
2 EL Olivenöl
Salz und Pfeffer

FENCHELGEMÜSE Das Grün vom Fenchel entfernen, kleinhacken und für die Dekoration beiseite stellen. Eventuelle braune Stellen des Fenchels ausschneiden. Den Fenchel halbieren und den Strunk entfernen. Alles andere in dünne Streifen schneiden. Die kleine Zwiebel fein hacken. Die Butter in der Pfanne zergehen lassen und den Fenchel mit der Zwiebel zusammen bei schwacher Hitze über 5 Minuten weich dünsten. Jetzt mit der Sahne angießen und weitere 5 Minuten in der Sahne köcheln lassen. Mit Pfeffer und Salz abschmecken.

3 mittelgroße Fenchel
1 kleine Zwiebel
3 EL Butter
¼ l Sahne
Salz und Pfeffer

REIS Eine Tasse Reis zusammen mit zwei Tassen Wasser nach Packungsangabe kochen.

Paprikapfanne
mit Salzkartoffeln

PAPRIKAPFANNE Die Paprika abwaschen und der Länge nach halbieren. Aus dem Paprika den Stiel und die Kerne herausschneiden. Das Fruchtfleisch des Paprika in 1 cm breite Streifen schneiden. Die Zwiebel schälen, halbieren und ebenfalls in 1 cm breite Streifen schneiden. In einer Pfanne das Öl erhitzen und den Paprika mit den Zwiebeln hineingeben. Bei mittlerer Hitze anbraten. Die Paprikapfanne ist fertig, wenn der Pfanne ein süßlicher Duft entströmt.

2 rote Paprika
1 grüner Paprika
1 große Zwiebel
3 EL Öl
Salz und Pfeffer

SALZKARTOFFELN Die Kartoffeln schälen und vierteln. Auf gleichmäßig große Stücke achten. Die Kartoffelspalten in einen von der Größe geeigneten Topf geben, mit etwas Salz bestreuen und bis zur Hälfte des Inhalts mit Wasser begießen. Auf dem Herd zum Kochen bringen, zurückschalten bis das Wasser nur noch köchelt. Nach ca. 10 Minuten mit der Gabel eine Kartoffelspalte einstechen. Ist diese weich, sind die Kartoffeln fertig. Abgießen und servieren.

500 g Kartoffeln
Salz

Sellerieküchle mit Gemüse und Pellkartoffeln

SELLERIEKÜCHLE Knollensellerie gut abbürsten, anhaftende Erde abschaben und die Knolle in handliche Stücke zerteilen. Fein raspeln. In eine Schüssel geben und salzen. Gut 1 Stunde ziehen lassen. Dann Wasser aus der Masse ausdrücken und mit Ei, Mehl und Pfeffer vermengen. Gleich große Kugeln portionieren und Küchle formen. Öl in der Pfanne erhitzen und die Küchle ausbacken.

1 Knollensellerie
je nach Größe
der Knolle 1–2 Eier
2–4 EL Mehl
Salz und Pfeffer
4 EL Öl

BOHNEN-TOMATEN-GEMÜSE Öl in einer Pfanne erhitzen und fein gehackte Zwiebel glasig dünsten. Tomaten in kleine Stücke schneiden und zu den Zwiebeln geben. Kräuter zwischen den Handflächen zerreiben und in die Pfanne geben. 1/3 der Flüssigkeit einkochen (entfällt bei Dosentomaten). Vorgekochte Bohnen in die Tomatensoße geben und darin erwärmen. Mit Pfeffer und Salz abschmecken.

500g Bohnen
500g frische Tomaten oder eine
kleine Dose Tomatenstücke
1 kleine Zwiebel
1 TL getrocknete italienische
Kräuter (Rosmarin, Majoran,
Oregano, Thymian)
2 EL Öl, Salz und Pfeffer

PELLKARTOFFELN Kartoffeln waschen und in einen Topf geben. Mit Wasser aufgießen, bis die Hälfte bedeckt ist. Zum Kochen bringen, zurückschalten und köcheln lassen. Nach ca. 15 Minuten mit der Gabel eine Kartoffel einstechen. Ist sie weich, sind sie fertig. Kartoffeln heiß pellen und servieren.

500g Kartoffeln

Auberginenschnitzel mit Bohnen- und Karottensalat

AUBERGINENSCHNITZEL Aubergine in 1–1,5 cm starke Scheiben schneiden und, wie auf S. 17 beschrieben, durch Salzen vorbereiten. Ei in einem tiefen Teller verquirlen, Mehl und Paniermehl jeweils in einen weiteren Teller geben. Die Auberginenscheiben im Mehl wenden, dann durch das Ei ziehen und anschließend im Paniermehl wälzen. Pfanne erhitzen, Öl hineingeben und Auberginen von beiden Seiten goldbraun herausbacken.

1 Aubergine
1 TL Salz
4 EL Olivenöl
1 Ei
Mehl
1 Tasse Paniermehl/Semmelbrösel

BOHNENSALAT Zwiebel schälen und grob würfeln. Aus Öl, Essig, (Wasser), Pfeffer und Salz eine Salatsoße mischen. Gekochte Bohnen und Zwiebelwürfel mit der Soße mischen. Den Salat vor dem Servieren 1 Stunde ziehen lassen. Je nach Geschmack mit Zwiebelringen garnieren.

500 g Bohnen
1 mittelgroße Zwiebel
4 EL Öl
3 EL Essig
Salz und Pfeffer
(Wasser)

KAROTTENSALAT Karotten dünn schälen oder sauber abbürsten. Auf der Küchenreibe fein oder grob raspeln. In eine Schüssel geben und salzen. 1 Stunde Wasser ziehen lassen. Raspeln ausdrücken. Mit Essig, Öl und Pfeffer eine Salatsoße anrühren und unter die Karottenraspeln mischen. (Die fein gehackte Knoblauchzehe ebenfalls zugeben.) Fehlt Flüssigkeit, je nach Geschmack Essig oder Wasser zugeben.

8 Karotten
1 Zwiebel
3 EL Öl
2 EL Essig
Salz und Pfeffer
(1 EL Kräuter)

Gebratener Chicorée mit Röstzwiebeln und Folienkartoffeln

GEBRATENER CHICORÉE Chicorée der Länge nach halbieren. Eventuell den Strunk ausschneiden. Öl in der Pfanne erhitzen und die Chicorée-Hälften von beiden Seiten 3–4 Minuten bei leichter Hitze anbraten, bis sie Farbe genommen haben. Vom Herd nehmen und mit zugedecktem Deckel für 5 Minuten ruhen lassen. Salzen und wenn gewünscht, noch mit etwas Balsamicoessig aromatisieren. Lauwarm servieren.

2 Chicorée
3 EL Öl
Salz
(Balsamicoessig)

RÖSTZWIEBELN Zwiebeln schälen und in Ringe schneiden. Salzen und 15 Minuten ruhen lassen. Flüssigkeit abtupfen. Öl in Pfanne erhitzen und Zwiebelringe darin goldbraun bis dunkelbraun bei gemäßigter Hitze ausbacken.

2–3 Zwiebeln
4 EL Öl
Salz

FOLIENKARTOFFELN Große Kartoffeln unter Wasser abbürsten. Alufolie so herrichten, dass je eine Kartoffel darin eingepackt werden kann. Salz und zwei Esslöffel Wasser auf die Alufolie geben, die Kartoffel drauflegen und in Folie einpacken. Je nach Größe der Kartoffel 30–45 Minuten im Backofen bei 180 °C backen. Mit einem Messer durch die Folie stechen und prüfen, ob die Kartoffel weich ist. Ansonsten Backzeit verlängern. Die Kartoffel in der Folie aufklappen.

pro Person 1 große Kartoffel

Roh gebratene Kartoffeln mit Zucchini-Pfanne und Penne

ROH GEBRATENE KARTOFFELN Die Kartoffeln (fest kochend) schälen und in 1 x 1 cm Würfel schneiden oder fein hobeln. Etwas Öl in eine Pfanne geben und die Kartoffeln bei mittlerer Hitze darin goldbraun ausbacken.

500 g Kartoffeln
Öl

ZUCCHINI-PFANNE Die Zucchini waschen und raspeln. Das Öl in eine Pfanne geben und erhitzen. Die Zucchini hineingeben und für 3–4 Minuten anbraten. Pfeffern, salzen.

2 Zucchini
2 EL Öl
Salz und Pfeffer

PENNE Die Penne nach Angabe auf der Packung abkochen.

300 g Penne

Bratgemüse mit Spaghetti und Tomatensoße

BRATGEMÜSE Die Karotte und den Sellerie in Würfel schneiden, die Zwiebel klein schneiden. Den Lauch in feine Scheiben schneiden. Das Öl in eine Pfanne geben und die Karotte, die Zwiebel und die Sellerie für 10 Minuten bei mittlerer Hitze anbraten. Den Lauch dazugeben und für weitere 10 Minuten braten. Um ein richtiges Brataroma zu bekommen, ist diese lange Zeit notwendig. Das Gemüse ist schon vorher fertig. Mit Pfeffer und Salz würzen und servieren.

1 Karotte
1 Zwiebel
2 Stängel Staudensellerie oder vergleichbare Menge Sellerie
¼ Stange Lauch
4 EL Öl
Salz und Pfeffer

SCHNELLE TOMATENSOßE Tomaten abwaschen und in kleine Stücke schneiden. Zwiebel oder die Knoblauchzehe sehr fein schneiden. Alles zusammen in einem Topf für 2–3 Minuten köcheln lassen und mit Salz und Pfeffer abschmecken. Basilikumblätter klein schneiden oder rupfen und beim Servieren in die Soße geben.

4 Tomaten
½ Zwiebel oder 1 Knoblauchzehe
4–5 Blatt Basilikum
Salz und Pfeffer

SPAGHETTI Die Spaghetti nach Packungsangabe abkochen.

500 g Spaghetti

Bratkartoffeln
mit Spiegelei

Vorgekochte Kartoffeln, egal ob Salzkartoffeln, Folienkartoffeln oder Pellkartoffeln, gerne auch vom Vortag, in dünne Rädchen schneiden und in einem Esslöffel Fett (Butter, Öl, Butterschmalz) in der Pfanne zusammen mit dem Paprikapulver goldbraun ausbacken. In einer zweiten Pfanne die Eier zu Spiegeleiern braten. Eier und Bratkartoffeln jeweils mit Pfeffer und Salz abschmecken. Je ein Spiegelei auf die Kartoffeln aufsetzen und servieren.

1 kg gekochte Kartoffeln
1 EL Öl / Butter / Butterschmalz
1 TL Paprikapulver
4 Eier
Salz und Pfeffer

Karottenbratling mit Auberginen-Mus und Blumenkohl

KAROTTENBRATLING Karotten fein reiben oder raspeln und mit Salz bestreuen. Mindestens ½ Stunde ziehen lassen. Die gesalzenen Karotten ausdrücken. Das Mehl und die Eier in die Karottenmasse einarbeiten. Je nach Wunsch 4 große oder 8 kleine Bratlinge formen und in Fett ausbacken.

400 g Karotten
I TL Salz
80 g Mehl
2 Eier
Butter oder Öl zum Ausbacken

AUBERGINEN-MUS Aubergine abreiben, auf ein Backblech legen und von oben 4 x mit dem Messer einstechen. Die Knoblauchzehe in 4 Spalten zerteilen, je 1 Spalte in jeden Einstich schieben. Aubergine 45 Minuten bei 170 °C im Backofen backen, herausnehmen, abkühlen lassen; längs aufschneiden und Fruchtfleisch mit Knoblauch aus der Haut herausschaben. Die Masse pürieren, mixen oder mit der Gabel zerdrücken und mit Pfeffer und Salz abschmecken.

I Aubergine
I Knoblauchzehe
Pfeffer und Salz

BLUMENKOHL Bereits während der Kochzeit des Blumenkohls die Butter und das Mehl in eine kleine Pfanne geben und unter ständigem Rühren 5 Minuten anschwitzen. Die Mehlschwitze soll nicht braun werden! Mehlschwitze ins Kochwasser des Blumenkohls rühren und mit Pfeffer, Salz und Muskatnuss abschmecken. Blumenkohl dazugeben.

I Blumenkohl
2 EL Butter
I EL Mehl
Salz und Pfeffer
Muskatnuss

Lauch-Tortilla mit Ratatouille und Bratkartoffeln

LAUCH-TORTILLA Den Lauch in dünne Rädchen schneiden und mit etwas Fett in der Pfanne kurz anbraten bis er Farbe angenommen hat. Die Eier mit der Milch und den Gewürzen verquirlen und über den Lauch gießen. Bei kleiner Hitze stocken lassen. Die Tarte mit einem flachen Pfannendeckel wenden, damit die zweite Seite ebenfalls Farbe nehmen kann.

1 Stange Lauch
4 Eier
1 Tasse Milch
Salz und Pfeffer
Muskatnuss
Fett zum Anbraten

RATATOUILLE Aubergine, Zucchini, Zwiebel und Paprika in kleine Stücke schneiden und salzen. Für 30 Minuten ruhen lassen und danach die ausgetretene Flüssigkeit abtupfen. Die Tomate in schmale Spalten schneiden. Alles zusammen in eine der Menge entsprechende Auflaufform geben. Den Thymian, das Lorbeerblatt und etwas Pfeffer darüber streuen und gut durchmischen. Im auf 180 °C vorgeheizten Backofen 45 Minuten zugedeckt backen. Den Deckel entfernen, gut durchrühren und für weitere 15 Minuten offen backen.

½ Aubergine
½ Zucchini
½ Zwiebel
1 Tomate
½ Paprika
1 Messerspitze Thymian
1 Lorbeerblatt
Salz und Pfeffer

BRATKARTOFFELN Vorgekochte Kartoffeln – egal ob Salz-, Folien- oder Pellkartoffeln, gerne auch vom Vortag – in dünne Rädchen schneiden und in einem Esslöffel Fett (Butter, Öl, Butterschmalz) in der Pfanne zusammen mit dem Paprikapulver goldbraun ausbacken. Pfeffern und salzen.

600 g gekochte Kartoffeln
1 EL Öl/Butter/Butterschmalz
1 TL Paprikapulver
Salz und Pfeffer

Ratatouille mit Nudeln

RATATOUILLE Die Aubergine, die Zucchini, die Zwiebel und den Paprika in kleine Stücke schneiden und salzen. Für 30 Minuten ruhen lassen und danach die ausgetretene Flüssigkeit abtupfen. Die Tomate in schmale Spalten schneiden. Alles zusammen in eine der Menge entsprechende Auflaufform geben. Thymian, Lorbeerblatt und etwas Pfeffer darüber streuen und gut durchmischen. Im auf 180 °C vorgeheizten Backofen 45 Minuten zugedeckt backen. Den Deckel entfernen, gut durchrühren und für weitere 15 Minuten offen backen.

1 Aubergine
1 Zucchini
1 Zwiebel
2 Tomaten
1 Paprika
1 Messerspitze Thymian
1 Lorbeerblatt
Salz und Pfeffer

NUDELN Penne nach Angabe auf der Packung abkochen.

500 g Penne

Bratkartoffeln mit Paprika und Zucchini

Die Kartoffeln in kleine, mundgerechte Stücke schneiden. Die Paprika in grobe Würfel schneiden. Die Zucchini fein schneiden. Das Öl in einer Pfanne erhitzen und das Paprikapulver für eine Minute darin anrösten. Die Kartoffeln und die groben Paprikastücke dazugeben und bei sanfter Hitze anbraten. Nach 3–4 Minuten die feinen Zucchinistücke dazugeben. Ist alles heiß und hat Farbe angenommen, salzen und servieren.

800 g gekochte Kartoffeln, egal welche Zubereitungsart (können auch vom Vortag sein)
1 roter Paprika
1 grüner Paprika
1 Zucchini
1 TL Paprikapulver
4 EL Öl
Salz

Dankeschön

Normalerweise bedankt sich ein Autor zuerst bei seiner Frau für die Geduld und die Unterstützung beim vorliegenden Projekt. Mach ich mit Freude! Aber eigentlich sollte es hier umgekehrt sein: Liebe Andrea, Du darfst dich bei mir für die vielen vegetarischen Gerichte, die ich dir gezaubert habe, bedanken.

Mein Dank gilt auch dem Fotografen Thomas Rebel für seine tolle Arbeit. Mit Freuden hat er nach dem Shooting seine mitgebrachten Schüsseln gefüllt, nachdem ihm schon bei der Arbeit das Wasser im Munde zusammengelaufen. Lieber Tom, hat's geschmeckt?

LEO VOGT, geb. 1959, ist in Knittlingen in der Bäckerei-Konditorei seiner Eltern aufgewachsen. In der Backstube war er schon früh im Einsatz und belegte Obstkuchen. Oder blickte im Wirtshaus der Oma beim Wettstreit um den besten Kartoffelsalat und die handgemachten Maultaschen über die Schulter. Den Unternehmer in der Modebranche als Hobbykoch zu bezeichnen, wird dem, was er auf die Teller zaubert, nicht gerecht. Eigene Rezepte hat er in den Büchern „Die Garküche", „Die Chronik des Georg Schwarzerdt" und „Das Luther-Melanchthon-Kochbuch" festgehalten.

THOMAS REBEL, geb. 1959, Fotograf und Künstler. Als einer der Pioniere von Computergrafik ist er seit den 1980er-Jahren Vorreiter in digitaler Bildbearbeitung und neben vielfältiger Ausstellungstätigkeit für Presse und Verlage im Einsatz. Zahlreiche Publikationen und Fotobildbände, zuletzt der begleitende Katalog zu seinem Open Air-Projekt „Dialog, Disput, Erneuerung", der „buchstäblich größten Ausstellung, die es in seiner Heimatstadt Bretten je gegeben hat" (Martin Wolff, Oberbürgermeister der Stadt Bretten, im Vorwort des Katalogs).

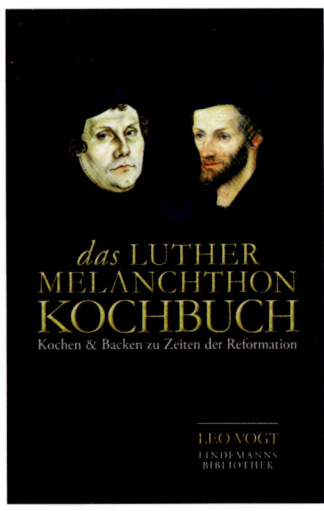

War Fleisch in der Quittenwurst? Wie dünn wird Bier nach dem zweiten Aufguss? Kann man für 100 Leute ein mittelalterliches Mahl am offenen Feuer kochen? Welche Mengen an Nahrungsmitteln waren notwendig, um einen Haushalt wie den von Martin Luther mit Familie, Gästen und Gesinde übers Jahr zu bringen? Diese und viele weitere Fragen über die leckere Küche des Mittelalters beantwortet dieses „Luther-Melanchthon-Kochbuch".

Esst mehr Kuchen – wer würde da Nein sagen? Und wer denkt bei Berrie-Cheesecake, Zwiebelkuchen oder Hühnchen-Pizza direkt an Sport und bewusste, gesunde Ernährung? Leckere Fitness-Rezepte präsentiert Noreen Radtke regelmäßig auf Instagram – eiweißreich und kalorienarm. Die Zugriffszahlen und Kommentare sprechen für sich. In diesem Band stellt sie ihre erfolgreichsten Kuchen, Sweets und Backwaren vor, bei deren Genuss ihr garantiert nicht an Gewicht zulegt.

128 Rezepte · 19,80 Euro · 192 Seiten
118 Abbildungen · Hardcover
978-3-88190-842-9

22 Rezepte · 12,95 Euro · 48 Seiten
22 Abbildungen Hardcover
978-3-88190-988-4 · 3. Auflage

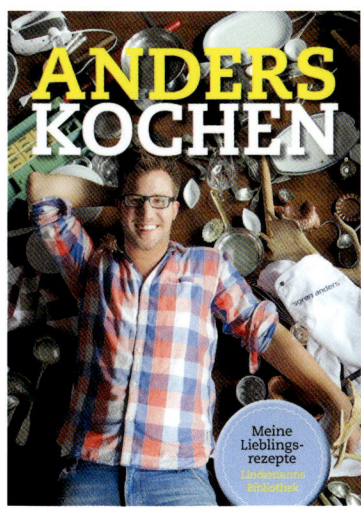

Leibgerichte: Regionale Gerichte, die ihn begleitet haben oder denen er immer wieder aufs Neue begegnet ist, die er ganz besonders gerne zubereitet – und verspeist – vom Regio-Süppchen über Tante Annis Pfannkuchen und den Fisch vom Rhein bis zum Obstkuchen. Richtig gelesen, ganz normale Beerentorte! Leckere Klassiker und klasse Leckereien zwischen traditioneller Küchenmeisterei und modernen Interpretationen: Suppen, Vorspeisen, Fisch- und Fleischgerichte und Desserts.

48 Rezepte · 19,95 Euro · 224 Seiten
150 Abbildungen · Hardcover
978-3-88190-755-2

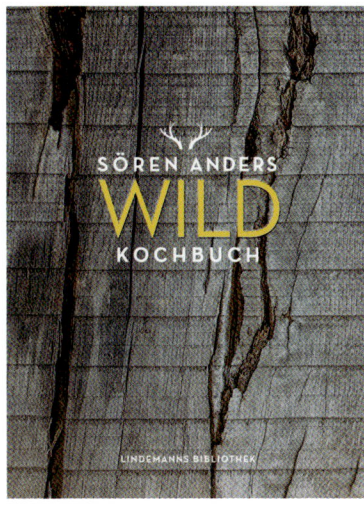

Sören Anders präsentiert Lieblingsrezepte zu einem seiner Lieblingsthemen: Wild. Der vielfach dekorierte Koch, findige Unternehmer und umtriebige Entertainer geht selbst zur Jagd. In seinem zweiten Kochbuch startet er mit rustikalen Wildbratwürsten mit Specksauerkraut und Kartoffelpüree, verleitet zu Hirschrücken mit Dörrobstchutney und Pistaziennocken, und bringt uns mit gebratener Rehleber, Süßkartoffelpüree, Pilzen und Lakritzsoße um den Verstand.

49 Rezepte · 24,95 Euro · 192 Seiten
110 Abbildungen · Hardcover
978-3-88190-923-5

Lindemanns Bibliothek, Band 317
herausgegeben von Thomas Lindemann

Fotos: Thomas Rebel
Mitarbeit: Kurt Fay, Brigitte Stocker

Hardcover: 978-3-96308-014-2
Softcover (DRK-Sonderauflage für die Tafeln): 978-3-96308-058-6

www.infoverlag.de